隋

[清] 褚人获 ◎ 著　郭婷 ◎ 编

 吉林出版集团股份有限公司 | 全国百佳图书出版单位

安禄山造反

　　安禄山经常贿赂唐玄宗身边的内侍,这些人就常在唐玄宗面前称赞安禄山。天宝二年,安禄山被留在京城,陪伴在皇帝左右。在朝廷中,李林甫手握重权,杨国忠与他相勾结。安禄山想离开京城做官暂时躲避,正好李林甫上奏,请求任用番人为边镇节度使。

安禄山造反

三

安禄山是混血胡人,本姓康氏,初名阿落山,因母亲再嫁安氏,于是他跟着姓安,改名禄山。他为人奸猾,善于揣摩别人的心意。后来因部落破散,他逃到幽州投靠节度使张守珪,张守珪认他为养子。

张守珪凭借军功推荐他做了平卢讨击使,但在攻打契丹时,他被打败,要按军法处死。安禄山通过贿赂唐玄宗身边的内侍们为他说情,使唐玄宗让他官复原职,戴罪立功。

只要唐玄宗身边的人到平卢,他都会送很多金银。因此,这些人常在唐玄宗面前称赞安禄山。后来,唐玄宗升他为营州都督平卢节度使。天宝二年,安禄山被留在京城,陪伴在皇帝左右。

一天,安禄山来献给唐玄宗一只会说话的白鹦鹉。太子正在陪皇帝散步。安禄山故意只拜唐玄宗不拜太子。唐玄宗问其原因,他说:"臣一向只知道皇上一人,却不知有太子。"唐玄宗对太子说:"这人特别诚实淳朴。"

安禄山造反

七

正说着,杨贵妃来了,唐玄宗开玩笑说让杨贵妃收安禄山为养子。安禄山听了,马上向杨贵妃下拜:"臣儿愿母妃千岁。"唐玄宗笑道:"你应该先拜父再拜母。"安禄山叩头奏道:"臣是胡人,胡俗是先母后父。"唐玄宗对杨贵妃说:"他真淳朴!"

这年大比之年，榜上第一名是秦国桢，其兄长秦国模是第五名，二人是秦叔宝的玄孙，都很有才。兄弟二人被任命为翰林。秦国模为人刚正，见杨贵妃专宠、杨氏势盛、安禄山骄纵，便和弟弟联名上奏，言辞激烈。唐玄宗不高兴，就免了二人的官职。

奸相李林甫想要蒙蔽皇上、掌握大权，就让谏官们不要上奏多言。因此，唐玄宗以为天下太平无事，又见国库充实，越发视金钱如粪土，赏赐无限，一切朝政都交给了李林甫。

安禄山过生日时,唐玄宗与杨贵妃各有赏赐。两天之后,安禄山入宫谢恩,杨贵妃开玩笑说:"人家养了孩儿,过了三天要为孩儿洗澡。今天我也要洗儿。"于是乘着酒兴,让太监宫女替安禄山脱去衣服,用锦缎包裹他全身,让他坐在肩舆中绕宫游行,喧笑不止。

唐玄宗得知后大笑,也来杨贵妃宫中观看,并赐杨贵妃金钱银钱各十千,为洗儿之钱。一天,唐玄宗闲坐,见安禄山肚子肥胖,垂过了膝,就指着他的肚子开玩笑说:"不知这里面藏着什么啊?"

安禄山说:"里面没有别的,只有一颗忠心。"唐玄宗听了,十分欢喜。在朝廷中,李林甫手握重权,杨国忠对他心怀嫉妒,却不得不和他勾结。李林甫也忌恨杨国忠,但表面上却与他要好。

安禄山造反

一五

安禄山觉得李林甫不好惹,就想着离开京城做官暂时躲避一下,而且杨国忠也不想让安禄山留在京城。正好李林甫上奏,请求任用番人为边镇节度使。因为唐代边镇节度使,用的都是有才略、有威望的文臣,如有功绩,便可升为宰相。

李林甫不想有人来分他的权势。唐玄宗准奏,杨国忠乘机上奏称安禄山最合适。唐玄宗马上降旨封安禄山为平卢、范阳、河东三镇节度使,赐爵东平郡王,走马上任。这倒也合安禄山的意,他叩头领旨谢恩。

安禄山造反

安禄山到任后,查点军马钱粮,训练士兵,囤积粮草,坐镇范阳,兼制平卢、范阳、河东,自永平以西至太原,凡东北一带要害地方,都由他统辖,声势强盛,越发骄横。李林甫夫人病死后,李林甫也患了重病,没几天也死了。

　　杨国忠乘机奏明李林甫生前在家训练了很多武士,还多次陷害太子;又让大臣们揭发他的许多罪名。唐玄宗这时才知道李林甫的奸恶,马上下旨削他的官爵,没收他的家产。

之后，杨国忠兼左右丞相，独掌朝权，作威作福。唯有安禄山对他傲慢无礼，不肯听他的。于是杨国忠密奏唐玄宗，说："安禄山与李林甫狼狈为奸，李林甫死后，安禄山必有阴谋。陛下可派人召他前来，他若不敢来，就说明他有阴谋。"

唐玄宗命辅缪琳去范阳召安禄山入朝见驾。杨贵妃私下赐给辅缪琳金帛，让他带密信给安禄山，叫他放心前来，千万不能迟疑。

安禄山造反

辅缪琳到了范阳，安禄山看了杨贵妃的密信，当天起马飞奔入京。从此唐玄宗对安禄山更加信任，安禄山更毫无忌惮，乘机上奏要用番将代替汉族将领镇守边关，唐玄宗竟然答应了。从此番人占据险要地势。

一天,杨国忠上奏说:"安禄山兵强势横,不能不防。"韦见素建议召安禄山入朝做官,另外任命三个大臣为范阳、平卢、河东三节度使。唐玄宗把这话告诉了杨贵妃。杨贵妃说:"大臣都说安禄山要造反,不如先派使者去观察一下他的动向。"

唐玄宗命辅缪琳带着珍贵的果品赐给安禄山。安禄山早已由宫中密信知道他的来意,就送了许多金帛珠宝给他。辅缪琳受了贿赂,回来后极力称赞安禄山忠诚为国,没有二心。从此唐玄宗以为太平无事,每天和嫔妃、梨园子弟们听歌看舞,十分快活。

安禄山本想等唐玄宗驾崩后再领兵造反，但杨国忠总想激他早日造反。于是安禄山就想了一个计策来试探朝廷——他要给朝廷献三千匹马，送马的人加上二十四员番将以及跟随的番汉军士共计一万多人。他这是借着献马之机，乘机侵占地盘。

河南尹达奚珣密奏唐玄宗,说安禄山献马可疑。高力士告诉唐玄宗,听说辅璆琳两次到范阳都接受了安禄山贿赂。唐玄宗命高力士率军到辅璆琳家搜查,他与安禄山往来的密信、接受的贿赂都被搜出。唐玄宗最终处死了辅璆琳。

唐玄宗让冯神威带旨去告诉安禄山不必献马。等冯神威来了,他却不去迎接。冯神威开诏宣读完圣旨,安禄山愤怒地说:"听说贵妃近日在学骑马,我就想献马给陛下。既然如此,那就不献了。"

冯神威见他作威作势,意态骄傲,不敢与他争论。冯神威要回京城复命,问安禄山有没有回奏的表文。安禄山说:"到了十月,我会回京城。不必用表文,你替我口头奏明就行了。"

安禄山造反

冯神威回到京城,将安禄山的无礼奏明皇上。唐玄宗听了,对杨贵妃说:"我和你待这奴才不薄,如今竟这么无礼!他的反叛之意已经显露出来!"杨贵妃劝解道:"他的长子安庆宗在京城已经和荣义郡主成婚,他如果真要图谋不轨,难道就不顾及儿子吗?"

唐玄宗命安庆宗写信,让安禄山前来京城,可是杨国忠害怕安禄山入京,只想激他造反。于是杨国忠处死了安禄山的门客李超,又派心腹前往范阳,一路散布流言,说皇上已将安庆宗关在宫中,命令他写信诱父亲入朝谢罪,来了便把他们父子杀了。

安禄山听到流言十分惊怕。安庆宗的书信到了,却没有收到杨贵妃的密信,安禄山更加惊疑,心想:"看现在的形势,不得不造反了!"

安禄山造反

三九

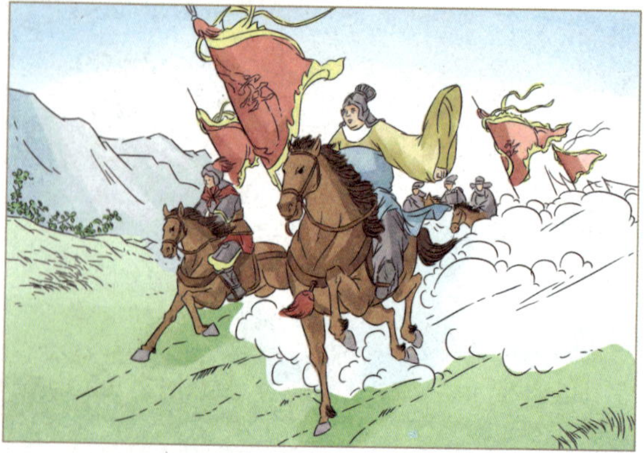

第二天,安禄山在范阳起兵造反,号称二十万大军,命范阳节度副使贾循镇守范阳,平卢副使吕知诲守平卢,高秀岩守大同;其余诸将则引兵南下,一时间声势浩大。河北一带,都是安禄山的统属之地,所过州县,望风瓦解。

唐玄宗召集大臣商议此事。众人议论纷纷，有说该剿的，也有说该抚的。而杨国忠却说："造反的只是安禄山一人，其余将士都是被他逼的。陛下只要下旨让他们归降，不出半个月，安禄山的叛军就会不攻自破。"

在杨国忠的建议下，唐玄宗下旨将安庆宗处死，荣义郡主也被赐自尽。安禄山听说儿子被杀，大哭道："我和朝廷势不两立！"

安禄山造反

四三

隋唐演义 六

四四

唐玄宗任命封常清为范阳平卢节度使，又命张介然为河南节度使，统率陈留等十三郡，与封常清互为声援。谁知，安禄山轻易就攻下了陈留。陈留失守，举朝震怒。

唐玄宗召集群臣，说要让皇太子监国，自己亲自统率六军出征。杨国忠想一旦太子掌权，杨氏一族就会遭殃。他回家后，哭着向妻子裴氏与韩、虢二夫人说了这事。夫人们赶紧入宫告诉了杨贵妃。

杨贵妃脱去发簪和耳饰,匍匐到皇帝面前,叩头哀泣:"臣妾听说陛下要亲征,这事十分凶险。臣妾尤蒙恩宠,怎忍远离左右?臣妾情愿在阶前自尽,仿效侯嬴以死报答信陵君!"说完又伏地痛哭。唐玄宗非常感动,拉着杨贵妃的手抚慰。

这时,太子派人来奏明推辞监国之命,力劝不必亲征。唐玄宗于是命荣王李琬为元帅,右金吾大将军高仙芝为副元帅,统兵出征。杨贵妃这才放心,拭泪拜谢。

安禄山造反

四七

国学小香书

隋唐演义 六

四八

那晚,唐玄宗梦见了一群魑魅魍魉,幸亏空中跳下一个黑大汉来,把鬼捉住。黑大汉自称是终南山没中举的进士钟馗。

第二天,唐玄宗立刻召最善图画的吴道子前来,让他画出梦中所见钟馗的形象贴在后宅门。唐玄宗因为画钟馗之像,想起唐太宗画秦叔宝、尉迟敬德二人之像,又想到秦叔宝的玄孙秦国模、秦国桢兄弟二人,就让他们官复原职。

在兄弟二人的建议下，唐玄宗命郭子仪为朔方节度使，又命哥舒翰为兵马副元帅。这时，安禄山攻破荥阳，又大败封常清，攻陷东都洛阳，自行称帝，国号燕。封常清收拾败残兵马，西走陕州，见到高仙芝。高仙芝和封常清引兵退守潼关。

可是潼关的监军宦官边令诚与高仙芝、封常清不和，就上奏诬陷二人。唐玄宗竟处死了二人。二人死后，哥舒翰率领十万军队，镇守潼关。

安禄山造反

五一

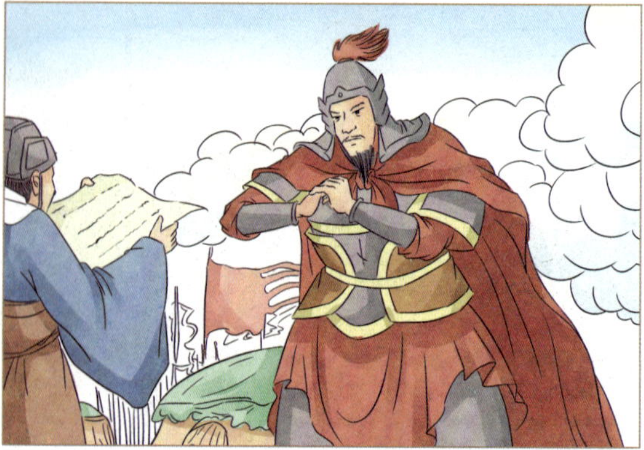

安禄山攻陷河南后,传话到河北,命其速速投降。平原郡太守颜真卿忠君爱国。安禄山没把颜真卿放在眼里,令他防守河津。颜真卿假装答应,一面密遣心腹到各地,相约共同举兵;一面又招募勇士一万多人。

安禄山的部下段子光,贸然前来,被颜真卿处死示众。清池尉贾载、盐山尉穆宁、饶阳太守卢全诚、济阳太守李随等都杀了安禄山派来的官员,并推举颜真卿为盟主。唐玄宗得知后大喜,任命颜真卿为河北采访使。

安禄山叛乱时,颜真卿的族兄颜杲卿为常山太守,他全力迎战,粮尽兵疲,城池还是被攻破。他被押到安禄山军前,瞪着眼睛大骂。安禄山非常愤怒,令人割了他的舌头。他到死还骂不绝口。

颜真卿听说颜杲卿死了,不禁放声大哭。忽然有人报告说郭子仪奉诏进取东京;李光弼为河东节度使,一路进取,已恢复常山;郭子仪大败贼将史思明,收复了河北十多个郡县;雍邱防御使张巡连续作战,屡获胜利。

安禄山造反

五五

国学小书书 隋唐演义 六 五六

此时哥舒翰屯军潼关，等待时机。河源军副使王思礼进言说："如今天下都认为是杨国忠导致的祸乱，您应当上表，请求杀了他！"哥舒翰摇头。王思礼又说："我把杨国忠带到潼关杀了。"哥舒翰惊愕道："要这样，真是我造反了。"

　　杨国忠那边有人说："朝廷重兵，尽在哥舒翰掌握之中。恐怕有人会对您下手。"杨国忠十分害怕，当他得知贼将崔乾佑在陕西，兵不满四千，弱小不堪，杨国忠就奏启唐玄宗，催哥舒翰进兵恢复陕洛。

哥舒翰飞章奏道:"安禄山善于用兵,如今特意示弱,引诱我们出兵,不能中他的诡计!而且贼人远来,速战有利;我们占据险要地方,坚守有利。再说贼兵早就失去民心,内部很快就会发生变化,我们可以乘机不战而胜。"

郭子仪、李光弼也上言:"请引兵北攻范阳,拿下他们的老窝,贼人一定从内部溃败。潼关一战,只适合固守,不可轻出。"颜真卿也上言:"潼关是险要之地,保卫长安,应当固守。"

安禄山造反

五九

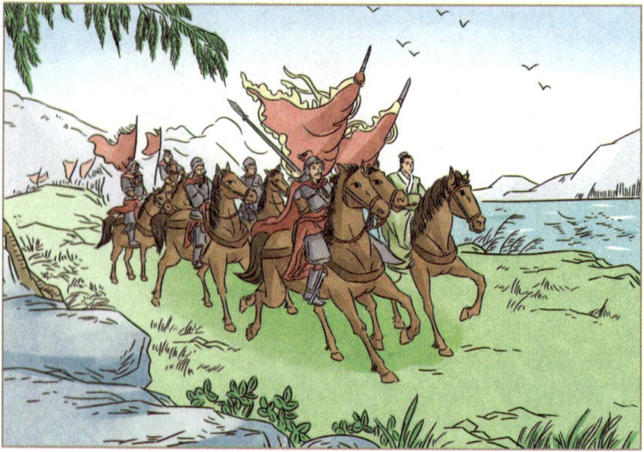

但杨国忠坚持要出兵。于是唐玄宗派使者不停地催哥舒翰出战。哥舒翰只好引兵出关，王思礼等带兵五万在前，副将庞忠等带兵十万跟着前进。哥舒翰自己领兵三万，登河南高阜，扬旗擂鼓，助长声势，与崔乾佑的兵马在灵宝西原相遇。

崔乾佑所率不过万人,队伍很不整齐,官军望见,都嘲笑他。谁知他已经先埋伏精兵在险要地方,还没交战,就装成要逃跑的样子。官军没有防备,正在观望,只听连声炮响,伏兵都杀了上来。贼兵从高处抛下木石,官军死伤无数。

哥舒翰用几十辆毡车想冲出包围,崔乾佑却用几十辆草车塞在毡车之前,纵火焚烧。当时正是东风暴发,火借风威,风随火势,烟焰沸腾,官军睁不开眼,竟然自己人杀自己人。

安禄山造反

六三

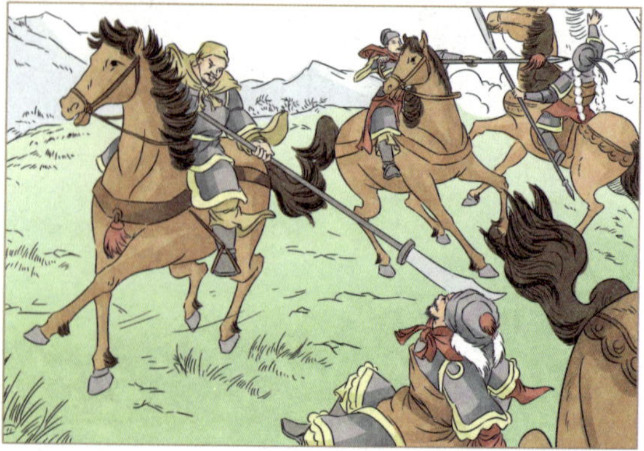

随后崔乾佑派精锐数万骑兵,从山南转到官军后面,首尾夹攻,官军惊乱,大败奔走。后军见前军如此败走,也自动溃败。河北军望见,也都逃奔,一时间两岸官军都空了。

哥舒翰带一百多骑兵,从首阳山渡河,向西入关。二十万人马出战,战败后逃回来的,只有八千多人。崔乾佑乘胜追击,攻破潼关。

哥舒翰退到关西驿站中，贴榜召集战败士兵，想要再战。他的部下番将火拔归仁却要投降，火拔归仁命令手下，把哥舒翰两脚绑在马肚子上，不听从火拔归仁指挥的也都被绑了。贼将田乾真带兵来接应，哥舒翰等人被带到安禄山军前。

安禄山不记旧怨，劝哥舒翰归顺，他只好降了。安禄山任命他为司空，逼他写信让李光弼等来投降。李光弼等都回信指责他。安禄山知道无效，就把哥舒翰囚禁在后院。

安禄山造反

六七

隋唐演义 六

六八

安禄山攻入长安时,唐玄宗等人已逃出长安。安禄山听说在马嵬兵变中杨贵妃被赐死,韩、虢二夫人被杀,他又想起儿子安庆宗夫妇也被赐死,顿感愤怒,就命孙孝哲把搜捕到的在京城的宗室皇亲全部处死。

　　安禄山在崇仁坊摆下安庆宗的牌位,说来也奇怪,一刹那天昏地暗,雷电交加,狂风大作。一声霹雳,安庆宗的牌位被击得粉碎。安禄山非常害怕,向天叩头请罪。

安禄山又下令,凡在京官员,如不归顺,通通处死。安禄山的手下,志得意满,纵酒贪财,都没有再西行的打算。安禄山也留恋范阳与洛阳,不想住在长安,就把金银珍宝都送去范阳收藏。

　　安禄山听说皇太子即位,要来收复长安,便打算和儿子安庆绪回东都洛阳。临行前,乘马过太庙,安禄山命军士们放火焚烧,只见一道青烟直冲霄汉。安禄山正仰面观看,不想那烟头掉下来,直入他的眼中,他顿时两眼昏迷,泪流如注。

安禄山造反

七一

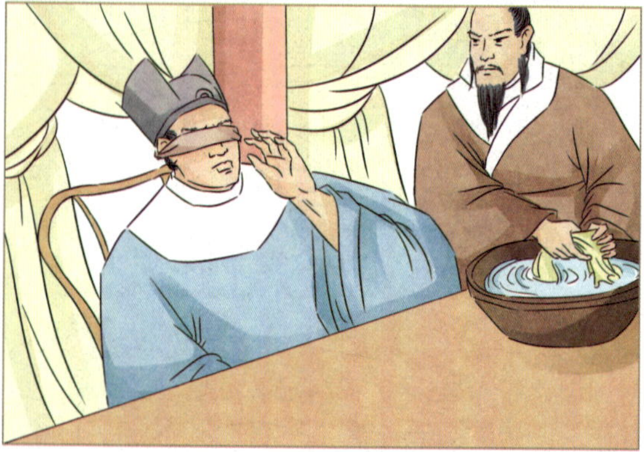

自此安禄山得了眼病,越来越严重,回洛阳后他的双眼竟瞎了。之后,安禄山的性情更加暴躁,经常无缘无故鞭打身边的奴仆,包括贴身服侍的内监李猪儿、亲信大臣严庄等人。因此大家都心怀怨恨。

此时安禄山已经立安庆绪为太子，后来爱妾段氏又生了个儿子叫安庆恩。安禄山因为宠爱段氏，就想改立安庆恩为太子。安庆绪知道后惊恐万分，就秘密找严庄商量。严庄乘机劝说安庆绪杀掉安禄山。当晚，他们找来李猪儿，令他动手。

安禄山造反

七五

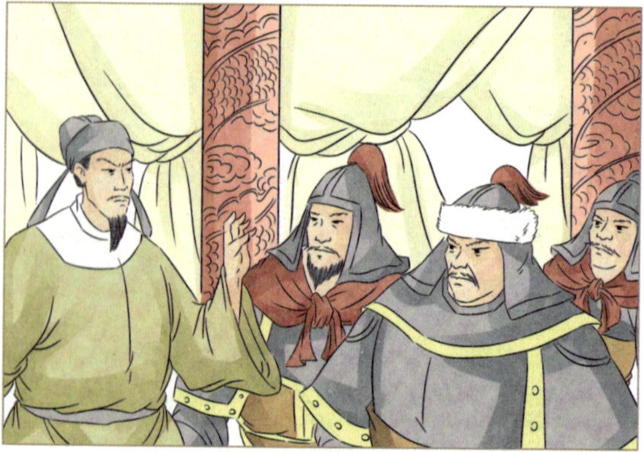

第二天黄昏，安禄山已经上床休息，李猪儿拿着刀突然闯入，掀开被子，一刀刺中安禄山。安禄山眼睛看不见，大呼："这一定是家贼作乱！"说完便断气了。

安庆绪和严庄手拿短刀，喝令侍卫们不许声张，又假称安禄山已传位给安庆绪。两天之后，安庆绪才宣布了安禄山的死讯。

李辅国欺压太上皇

潼关失陷后,多地守将弃城逃跑。唐玄宗召集群臣商议对策,大臣们争论不休,没有定论。第二天天还没亮,唐玄宗带着杨贵妃、太子和杨国忠等人逃离皇宫。唐玄宗等人逃到马嵬驿,陈元礼带人将杨国忠砍死,并说杨贵妃也不能留。杨贵妃在佛堂前一棵树下自缢而死。

李辅国欺压太上皇

七九

国学小书书 **隋唐演义** 六 八〇

潼关失陷之后，河东、华阴、冯翊、上洛等地的守将，相继弃城逃跑。唐玄宗得到消息，大吃一惊，连忙召集群臣商议对策。

宰相杨国忠说："潼关失陷，长安危在旦夕，陛下不如先去四川暂避。只要陛下安稳，大唐就安稳。等逃出长安，再召集各地兵马勤王救驾，这样才万无一失。"秦国桢等大臣却极力反对。

唐玄宗见大臣们争论不休，下旨让他们尽快拿出一个定论，自己回宫去了。虢国夫人、韩国夫人和杨贵妃三姐妹又哭又劝，求唐玄宗早日去四川暂避。

唐玄宗召杨国忠进宫商量了一番，便下旨说要御驾亲征，命少尹崔光远留守西京，龙武将军陈元礼调集护驾的兵马，并选一千匹好马养在宫里备用，又吩咐内宫边令诚掌管宫门的钥匙，不让外人知道。

李辅国欺压太上皇

八三

国学小香书 **隋唐演义** 六 八四

第二天天还没亮,唐玄宗就带着杨贵妃姐妹、太子和杨国忠等人,以及亲近的宦官、宫人从延秋门离开了。

唐玄宗走时,文武百官并不知道,还在照常准备上朝。当宫门一开,才发现皇帝不见了,宫人、嫔妃顿时乱成一团。

剩下的官员见皇上走了，全都四散逃命，被留下的王子皇孙则跪在路边大哭。满城百姓全都慌了手脚，他们冲进皇宫和大臣的家里抢劫掳掠，整个长安城一时间人心惶惶，哭声、喊声响成一片。

　　唐玄宗带人仓皇西逃，逃到了马嵬驿。这时河源军使王思礼从潼关赶来，唐玄宗这才知道哥舒翰被安禄山抓了。

李辅国欺压太上皇

八七

隋唐演义 六 八八

王思礼临走时,私下对陈元礼说:"杨国忠罪大恶极,人人都想杀他。将军要是能做成这件事,必定大快人心!"

　　陈元礼找到东宫内侍李辅国来商量这件事时,有人禀报说来了二十多个吐蕃使者想要和唐朝议和。

　　陈元礼趁机带着人马来到杨国忠面前,大喊:"杨国忠勾结吐蕃谋反,罪大恶极,人人得而诛之!"兵将们蜂拥而上,将杨国忠砍死了。

随后,众人又杀了杨国忠的儿子和韩国夫人。虢国夫人带着儿子以及杨国忠的妻子和小儿子一直跑到陈仓,结果也被县令薛景仙的人抓住杀了。

　　唐玄宗听说杨国忠被杀,忙到驿门好言好语地劝兵将们,可是兵将们仍义愤难平。陈元礼说:"既然已经杀了杨国忠,杨贵妃也就不能留了。"唐玄宗一听,大惊失色。高力士说:"陛下,现在只有让将士们安心,您才能活啊!"

李辅国欺压太上皇

九二

唐玄宗回到行宫见了杨贵妃，哭得一句话也说不出来。正在这时，门外喧哗声四起，高喊："杀了杨贵妃！"唐玄宗将杨贵妃拉到驿道的北墙口，哭着说："爱妃，我和你从此永别了！"杨贵妃跪到佛堂前，磕了几个头，然后在佛堂前一棵树下自缢而死。

杨贵妃死后，众人决定不去四川，而去扶风。可是当地的百姓却拦在大军前面，不想让他们走。

唐玄宗让太子在后边劝百姓放行，百姓围着太子的马说："皇上既然要走，太子爷带上我们吧！我们愿意和太子一起去杀敌，保卫长安。"太子的两个儿子广平王李俶、建宁王李倓也劝太子顺应民意留下来。

李辅国欺压太上皇

九五

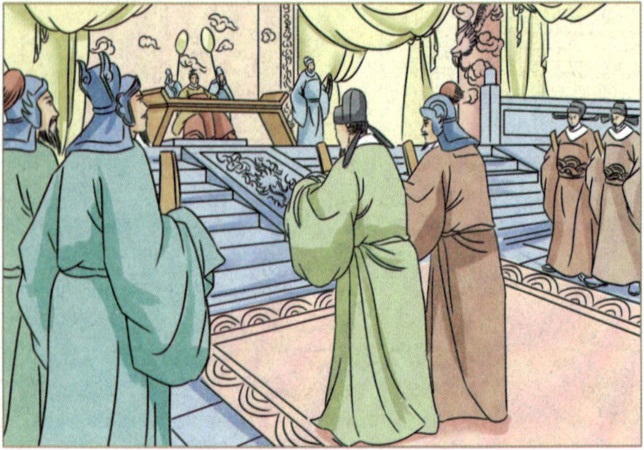

唐玄宗下令给太子留了两千人马,自己带人去了四川。唐玄宗到了成都驻跸后,下旨封太子为天下兵马大元帅,兼任朔方、河北、平卢节度都使,让他收复长安。

　　不料,唐玄宗的诏书还没发出去,太子就已经在灵武登基,即唐肃宗,让唐玄宗做了太上皇。唐玄宗接到消息后让韦见素、秦国模、秦国桢等人把玉玺给唐肃宗送去,并表示等唐肃宗收复两京后,他将完全不过问政事。

唐肃宗登基之后，让郭子仪做了武部尚书，让灵武长史李光弼做了户部尚书，又让人找来李泌。唐肃宗十分敬重李泌，行军打仗，大事小情，都先找他商量。

唐肃宗想让建宁王李俊当大元帅，李泌说广平王是嫡长子，若是让建宁王做了元帅，以后天下就只能交给建宁王。于是唐肃宗下旨封广平王李俶为天下兵马大元帅，郭子仪、李光弼等人都由他调派。

李辅国欺压太上皇

九九

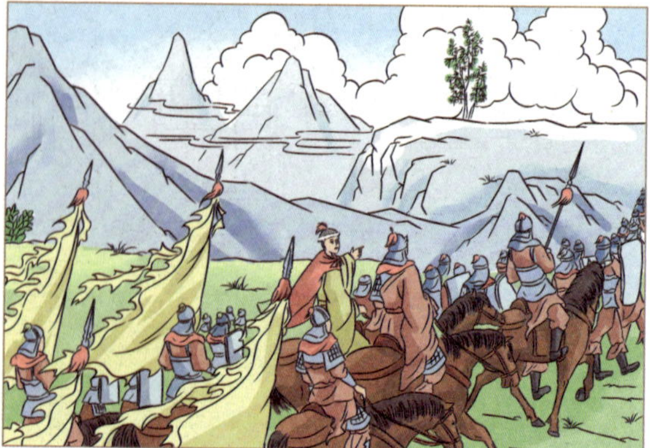

至德二年，唐肃宗命广平王与郭子仪等人带兵收复两京。郭子仪请求借助回纥兵马。回纥可汗表示，收复的土地归唐朝，但搜刮的金银和女人要归回纥。

唐肃宗急于求成，就答应了他。回纥可汗派他的儿子叶护带一万兵马助战，叶护又集结了一些西域的人马，一共十五万。

李泌说:"我们的兵马都是北方人,耐寒畏暑。现在应该让他们去攻打南方的范阳。若是先攻打长安,匪徒逃去范阳,到时春天一过,暑气蒸腾,兵将们必定没有心思打仗。"唐肃宗说:"你说得有理,可是朕太想收复长安迎回太上皇了,根本不想再等。"

李辅国欺压太上皇

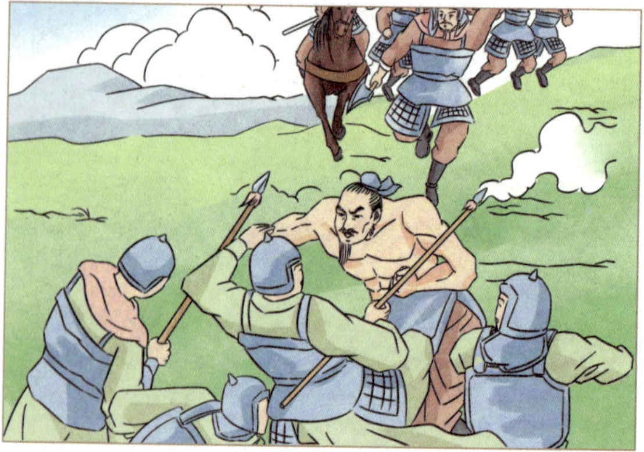

唐肃宗下旨让大军往长安进发。广平王的大军到了长安城西，李嗣业领前军，广平王、郭子仪、李泌带兵居中，王思礼带第三队在后方策应。安庆绪手下的将领李归仁率先出战，郭子仪带前军迎战。

　　李嗣业袒胸露背，一马当先，一阵冲杀，瞬间杀了十几个敌军。兵士们见了，士气大振，纷纷冲了上去。都知兵马使王难得被一箭射中眉毛，但他眼睛都不眨一下，一把将箭拔了出来，血流满面，却还在奋勇杀敌。

这场仗从中午一直打到傍晚，贼兵死了六万多人，大败而回。第二天，广平王接到消息，贼将李归仁、安守忠、田乾真、张通儒等人弃城逃跑了。广平王带人进了长安城，满城的百姓都出来夹道欢呼。

叶护本想按照约定，抢些金银、女人，但广平王对他说等攻陷东京之后，再履行约定。于是他和固怀恩带上西域以及本部的人马直奔东京。广平王在长安留下一些兵马驻守，然后带上大军去了洛阳。

李辅国欺压太上皇

一〇七

隋唐演义 六

一〇八

唐肃宗收到捷报，非常高兴，跟李泌说想将太上皇接回来继续当皇上，自己做回太子。李泌吓了一跳，说："陛下若是这样跟太上皇说，太上皇一定会觉得陛下有别的心思，不会答应的。陛下只需派人请太上皇回宫，说想尽孝就可以了。"

太上皇听说唐肃宗想将皇位还给自己，吓得不知如何是好，连饭都吃不下去。后来见到群臣送来的贺书，听说自己仍做太上皇，这才高兴起来，马上命人收拾东西，准备回京。

李泌一直都不喜欢做官,见朝廷基本安定下来了,就跟唐肃宗说想要离开。唐肃宗说:"等收到东京的捷报,我们回到长安之后再说!"

没过几天,东京的捷报就到了,说安庆绪带人逃亡河北,当初被抓的哥舒翰等三十多个将士都被杀了。唐肃宗喜出望外,一面让秦国模、秦国桢去成都迎太上皇回京,一面带人先回了京城,等太上皇回銮。

李辅国欺压太上皇

一二一

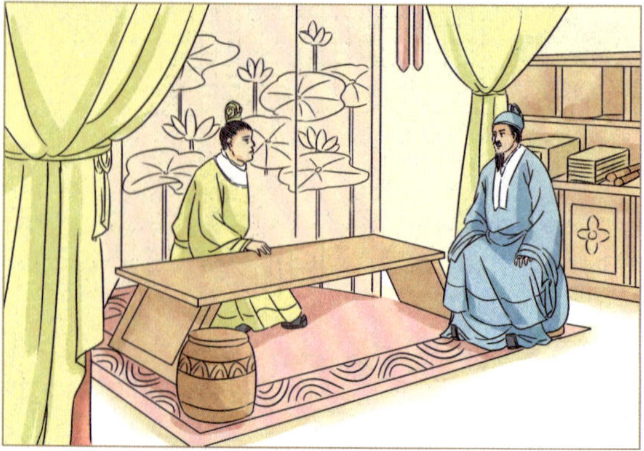

李泌再次请求唐肃宗放他回去。唐肃宗知道他去意已决,便准他暂时回乡。唐肃宗当初不听李泌先攻范阳的建议,致使唐朝虽然收复了两京,却没有完全剿灭安庆绪的势力。后来史思明杀了安庆绪,自己又被杀,唐朝花了很长时间才除掉他们。

太上皇回到长安,唐肃宗带着文武百官出城迎接。太上皇选了兴庆宫做自己的寝宫。他听说梅妃没有死,立即召梅妃入宫。梅妃对太上皇说安禄山到时,她已经被人救走。这些年她一直想念太上皇,太上皇听了,百感交集。

　　太上皇自从退居兴庆宫,不再过问朝政。当时唐肃宗已经立张良娣做了皇后。张皇后是个狡猾、贪婪的女人,她和李辅国、鱼朝恩勾结到一起,几个人时常为了达到自己的目的而左右唐肃宗的言行。

李辅国欺压太上皇

一一五

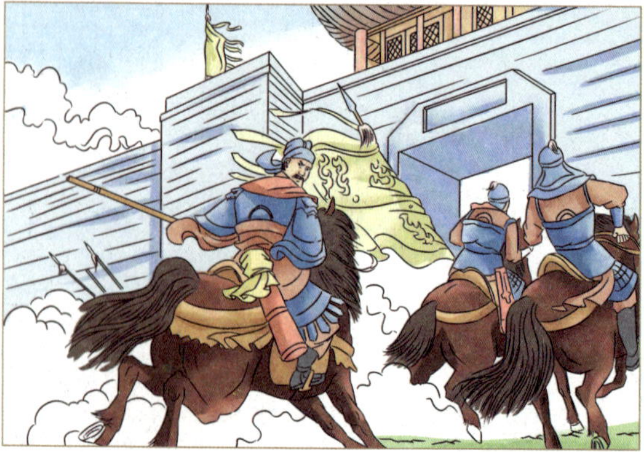

唐肃宗命郭子仪、李光弼带人铲除安庆绪、史思明的残党,可监军鱼朝恩专横跋扈,使得军中人心散乱,初战大败。

唐肃宗下旨召郭子仪回京。太上皇对肃宗说:"李光弼、郭子仪都是唐朝的大功臣,对唐朝可以说恩同再造。这次战败不是郭子仪的错,你不该怪他。"

唐肃宗于是下旨让郭子仪继续领兵。后来郭子仪剿匪成功，唐肃宗便封李光弼做了太尉中书令，封郭子仪做了汾阳王。

　　郭子仪为人十分谨慎，虽然手握重兵，但朝廷每次传召他，他都立即动身，所以旁人也抓不住他的把柄。郭子仪年老辞官后，他的七个儿子、八个女婿都是大官。他活到了八十五岁，死时皇帝下旨赐葬，赐谥号，称得上是福寿双全。

李辅国欺压太上皇

一一九

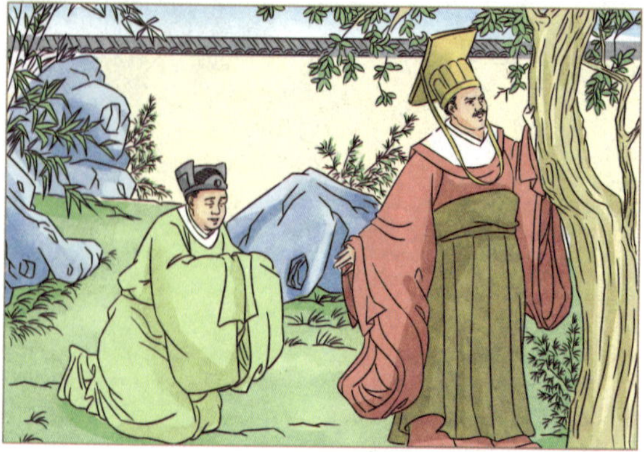

梅妃病逝后,唐肃宗亲自来慰问太上皇,不少王公大臣也来了,可张皇后却没来。太上皇对高力士说:"皇后太傲慢了。"他本想跟唐肃宗说张皇后的不是,想让唐肃宗教训一下张皇后,可高力士极力劝阻,太上皇最终忍了下来。

一天,唐肃宗到兴庆宫问安,太上皇告诫他说:"李辅国权势过大,你一定要注意节制。"唐肃宗连连称是。可是唐肃宗对张皇后因爱生惧,张皇后又对李辅国十分宠信,所以唐肃宗虽知不妥,也不敢动手,结果回宫之后,仍旧隐忍不发。

李辅国欺压太上皇

隋唐演义 六

一二四

唐肃宗虽然没发作,但太上皇的话却传到了李辅国的耳朵里。李辅国对张皇后说:"太上皇深居内宫,早就不过问朝政了,这些事他怎么会知道?一定是高力士说的。我们得想办法除掉高力士。"

太上皇住的兴庆宫和京城百姓的住处只有一墙之隔,只要登上西北角的长庆楼,就能看见长安城的街市。太上皇时常登上长庆楼去看百姓们的生活,过往的行人看到太上皇,时常会遥望叩拜。

太上皇还时常让高力士把剩下的御膳分给城中的百姓，街上的人欢呼雀跃，高喊万岁。李辅国乘机跟唐肃宗说："太上皇住在兴庆宫，离百姓的住处太近，不如把太上皇往里挪一挪，也可以保证太上皇的安全。"

唐肃宗说："太上皇喜欢兴庆宫，怎么能无缘无故就让他搬离呢？"张皇后怒气冲冲地说："臣妾做的所有的事，都是为了陛下。陛下不听，以后可别后悔。"说完就拂袖而去。

李辅国欺压太上皇

一二七

隋唐演义 六

一二八

唐肃宗心中憋着怒火,偏偏又受了风寒,没多久就病了。李辅国和张皇后一商量,决定假传圣旨,先把太上皇骗到西内再说。太上皇本不想搬,但听说是圣旨,只得上了车驾。

刚到西内,太上皇就看见李辅国一身戎装,带着数百个手执尖兵的武士站在前面。高力士见了,厉声喝道:"李辅国,你安排这个阵仗,是想谋反吗?"李辅国被高力士一喊,吓得急忙跪在地上说:"奴才不敢,奴才是奉了陛下的旨意过来护驾的。"

高力士喊道:"既然是护驾,就把利器收起来。"李辅国听了只得把腰上的佩剑摘了下来,和高力士一起护卫车辇来。到甘露殿,太上皇问李辅国:"皇上在哪儿呢?"李辅国说:"陛下本想亲自接太上皇过来,可是偏偏染上了风寒,改天再过来。"

李辅国走了之后,太上皇对高力士说:"今天多亏你了,要不然不知道会怎么样!"高力士说:"太上皇想多了。太上皇做了五十年的太平天子,谁敢动您!"太上皇摇摇头:"此一时,彼一时了。"

李辅国欺压太上皇

一二一

隋唐演义 六

一三三

高力士说:"今天迁宫的事,恐怕不是皇上的意思,应该是李辅国和张皇后搞的鬼。"太上皇说:"兴庆宫是朕建的,本来想在那里养老,没想到最后还是搬到这里。我这个孤孤单单的老头子,以后怕是没有好日子过了。"

李辅国担心唐肃宗怪罪，就让张皇后先跟唐肃宗说一声。唐肃宗听了大惊，问道："没吓着太上皇吧？"张皇后说："没有，太上皇挺喜欢甘露殿的，什么也没说。"李辅国又主动过来请罪，唐肃宗或许因为有病在身，也没再追究。

　　一天，李唐进宫见驾，当时唐肃宗正在逗小公主玩。唐肃宗对李唐说："爱卿不要见怪，朕十分喜欢这个女儿。"李唐说："臣觉得太上皇对陛下的喜爱，应该和陛下对公主的喜爱是一样的。"

李辅国欺压太上皇

一三五

隋唐演义 六

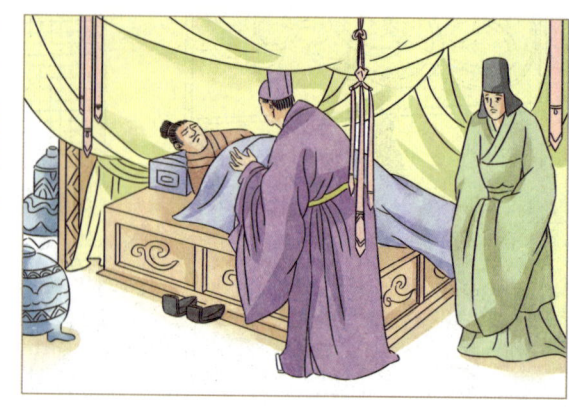

一三六

唐肃宗听了，立即到西内看望太上皇。太上皇什么都没说，只是不住地叹息，唐肃宗因此越发不安。他回到宫里之后，张皇后又冷言冷语地讥讽唐肃宗。唐肃宗十分气愤，结果引发了旧病。

太上皇被李辅国逼着搬到了西内，一直照顾他的高力士又被李辅国设计，被流放到了巫州，太上皇越发觉得惨淡。他环顾左右，发现身边只有女伶谢阿蛮、乐工张野狐、贺怀智、李谟几个旧人，剩下的全都是新面孔。

后来，太上皇开始戒除奢华，练习辟谷之术，每天诵读经典。

到了唐肃宗宝应元年的夏天，有一日，太上皇正在吹笛子，忽然天空中飞来一对白鹤。这对白鹤落到太上皇面前翩翩起舞，随即又飞走了。

太上皇命令宫女备好浴汤，吩咐左右不要打扰。第二天一早，宫人过去送饭时，太上皇已经驾崩了。

李辅国欺压太上皇

一三九

隋唐演义 六

太上皇死的时候，唐肃宗正在病中，听到消息，又惊又痛，结果病势加重，没多久也去世了。

唐肃宗死后，张皇后想要废掉太子，扶自己的儿子做皇帝。李辅国杀了张皇后，扶太子上位，也就是唐代宗。

之后，李辅国仗着自己有拥立之功，又手握重权，越发嚣张跋扈。唐代宗忍无可忍，就派刺客将李辅国杀了。

安禄山和史思明的余党，直到唐代宗广德年间，才被剿灭。唐代宗之后，唐朝又历经了十二位皇帝才最终覆灭。

李辅国欺压太上皇

一四三